BEI GRIN MACHT SICH IHR WISSEN BEZAHLT

AF137216

- Wir veröffentlichen Ihre Hausarbeit,
  Bachelor- und Masterarbeit

- Ihr eigenes eBook und Buch -
  weltweit in allen wichtigen Shops

- Verdienen Sie an jedem Verkauf

Jetzt bei www.GRIN.com hochladen und kostenlos publizieren

Optimierung von Entscheidungsprozessen. Entwicklung eines Trainingskonzeptes für Führungskräfte

Max Kremnitz

Bibliografische Information der Deutschen Nationalbibliothek:

Die Deutsche Nationalbibliothek verzeichnet diese Publikation in der Deutschen Nationalbibliografie; detaillierte bibliografische Daten sind im Internet über http://dnb.d-nb.de abrufbar.

ISBN: 9783346265050
Dieses Buch ist auch als E-Book erhältlich.

© GRIN Publishing GmbH
Nymphenburger Straße 86
80636 München

Alle Rechte vorbehalten

Druck und Bindung: Books on Demand GmbH, Norderstedt Germany
Gedruckt auf säurefreiem Papier aus verantwortungsvollen Quellen

Das vorliegende Werk wurde sorgfältig erarbeitet. Dennoch übernehmen Autoren und Verlag für die Richtigkeit von Angaben, Hinweisen, Links und Ratschlägen sowie eventuelle Druckfehler keine Haftung.

Das Buch bei GRIN: https://www.grin.com/document/937530

Hochschule für angewandtes Management-Campus Berlin

Fachbereich: Wirtschaftspsychologie

Sommersemester 2020

Teilmodul: Anwendungsorientiertes Modul 3

Entwicklung eines handlungsorientierten Trainings-konzeptes zur Optimierung von Entscheidungsprozessen für Führungskräfte

Eine Studienarbeit mit praktischem Bezug auf ein mittelständiges Unternehmen in der Ecomercebranche

von Max Kremnitz

Inhaltsverzeichnis

Abbildungsverzeichnis

Tabellenverzeichnis

Anhangsverzeichnis

1. Einleitung

„survival of the fittest or survival of the most flexible?"- Don Lincoln

Don Lincoln hat bereits vor Jahren erkannt das die Flexibilität und Anpassungsfähigkeit ausschlaggebend dafür sind, ob man in der heutigen Welt noch weiterkommen kann oder an einer gewissen Stelle stagniert. Diese Erkenntnis gilt besonders für den ökonomischen und wirtschaftlichen Kontext. Vor allem in Zeiten der Digitalisierung, Globalisierung und der sich immer schneller wandelnden Welt müssen Menschen mit dem Wandel und den dahinterstehenden Entscheidungen umgehen können, um auf dem Markt bestehen zu können beziehungsweise zu bleiben. Diese Fähigkeit ist von unseren Entscheidungen abhängig. Neben vielen unterschiedlichsten Trainingsangeboten, werden heutzutage auch Trainings zur Verbesserung von Entscheidungsprozessen angeboten. Dies ist begründet, da in jedem Unternehmen Entscheidungen getroffen werden die möglichst wirtschaftlich, effektiv und sinnvoll sein sollen. Die Entscheidungen müssen allerdings auch mit der Zeit gehen und sich an den ständigen Wandel flexibel anpassen. Vor allem diese Entscheidung haben oft eine sehr große Spannweite. Personen, die also diese Entscheidungen treffen und resultierend daraus auch die Konsequenzen ihrer Entscheidungen verantworten müssen, stehen deshalb oft unter massivem Druck. Dies gilt insbesondere dann, wenn die Konsequenzen nicht nur die eigene Existenz, sondern auch die der Anderen, des ganzen Unternehmens oder der Familienmitglieder betreffen. Daher greifen Führungskräfte immer wieder auf verschiedene Formen der Fortbildung zurück um die Anforderungen, so gut es nur geht, gewachsen zu sein. Dazu zählen unter anderem auch Trainingskonzepte. Eines der momentan populäreren Trainingskonzepte sind Programme und Verfahren aus der Erlebnispädagogik. Sie bieten eine besondere Form des Lernens, welche sich von anderen Lernmodellen deutlich abgrenzt (vgl. Heckmair & Michl, 2002, S. 269). Diese Konzepte sind jedoch umstritten was ihre tatsächliche Wirkung angeht (vgl. Schulze, 1992, S. 547). Daher gilt es zu überprüfen, wie effektiv ein handlungsorientiertes Trainingskonzept zur Optimierung von Entscheidungsprozessen für Führungskräfte aus einem mittelständigen Unternehmen (aus der Ecomercebranche) eingesetzt werden können.

2. Erlebnispädagogik

Der Begriff Erlebnispädagogik soll in den folgenden Unterpunkten detailliert erläutert und durchleuchtet werden. Neben der Definition und der dazugehörigen Abgrenzung wird auf die Lernphasen, Reflexions- und Transfermodelle sowie Kritik zur Erlebnispädagogik eingegangen.

2.1. Definition Erlebnispädagogik und handlungsorientiertes Lernen

Zunächst einmal sollte der Begriff Erlebnispädagogik definiert werden. In der Literatur lassen sich dafür verschiedene Definitionen ablesen. Einige von ihnen werden nun aufgeführt:

Definitionen:
„Erlebnispädagogik [...] bezeichnet die Praxis und Theorie der Leitung und Begleitung von Lernprozessen mit handlungsorientierten Methoden" (Zuffellato & Kreszmeier, 2007, S. 44).
„Erlebnispädagogik ist eine [...] handlungsorientierte Methode, in der die Elemente Natur, Erlebnis und Gemeinschaft pädagogisch zielgerichtet miteinander verbunden werden." (Heckmair & Michl, 2008, S. 115).
Die Erlebnispädagogik ist ein handlungsorientiertes Erziehungs- und Bildungskonzept bei welchem physisch, psychisch und sozial herausfordernde, nicht alltägliche, erlebnisintensive Aktivitäten als Medium zur Förderung ganzheitlicher Lern- und Entwicklungsprozesse dienen und zum Ziel haben die Menschen in ihrer Persönlichkeitsentfaltung zu unterstützen und zur verantwortlichen Mitwirkung in der Gesellschaft zu ermutigen. (vgl. Paffrath, 2013, S. 13ff.)
„Erlebnispädagogik ist eine handlungsorientierte Methode und will durch exemplarische Lernprozesse, in denen junge Menschen vor physische, psychische und soziale Herausforderungen gestellt werden, diesen jungen Menschen in ihrer Persönlichkeitsentwicklung fördern und sie dazu befähigen, ihre Lebenswelt verantwortlich zu gestalten" (Michel, 2011, S. 10f.).

Tabelle 1: Die Definitionen von Erlebnispädagogik
(vgl. Heckmair & Michl, 2008, S. 115 ; vgl. Michel, 2011, S. 10f. ; & vgl. Paffrath, 2013, S. 13ff. & Zuffellato & Kreszmeier, 2007, S. 44)

Weiterhin muss auch erläutert werden, was der Begriff des handlungsorientierten Lernens bedeutet, da dieser einen wesentlichen Bestandteil in der Erlebnispädagogik sowie in den gerade aufgeführten Definitionen darstellt. In diesem Zusammenhang wird handlungsorientiertes Lernen auch „Handlungslernen" genannt und bezeichnet einen ganzheitlichen Ansatz, welcher den Menschen in seiner Gesamtheit, bestehend aus der kognitiven, der emotionalen und der motorischen Ebene, einbezieht. Diese Vernetzung der drei Ebenen des Lernens ermöglichen es dem Lernenden zu entwicklungsfördernden Erlebnissen zu verhelfen. Dies ist begründet, weil intensive sinnliche Erlebnisse mit direkter Beteiligung des Körpers einhergehen beziehungsweise weil eine körperliche Betätigung das Lernen erleichtert. Aufgrund dessen zielt das Handlungslernen darauf ab, den Menschen selbstständig handeln und probieren zu lassen, um ihnen somit den Erwerb von Wissen und Fähigkeiten in rasanter Geschwindigkeit zu ermöglichen. Selbst die Hirnforschung hat bestätigt, dass Menschen im rapiden Tempo Wissen erwerben beziehungsweise Fähigkeiten generieren, wenn sie sich dabei möglichst selbst betätigen. Zu alledem fördert der körperliche Einsatz, die Grenzerlebnisse sowie die geforderte konstruktive Aufgabenbewältigung die eigene Identitätsfindung („Ich-Gefühl" wird ausgeprägt). Für das Handlungslernen stehen zudem eine Fülle von praktischen Übungen und Aufgaben (Lernprojekte) zur Verfügung. Diese Lernprojekte können „on the job" und/oder „off the job" stattfinden. Ein bekanntes Beispiel für ein Outdoortrainings sind Lernprojekte im Hochseilgarten (vgl. Meier-Gantenbein & Späth, 2012, S. 238ff.).

2.2. Abgrenzung und Strukturmerkmale

„Erlebnispädagogik ist weder Überlebenstraining noch Ranger-Ausbildung […]" (Ziegenspeck, 1992, S.111). Außerdem ist es kein Ziel sich nur sportlich zu betätigen, seine körperlichen Grenzen auszutesten oder seine eigenen Fähigkeiten weiter zu entwickeln (auch wenn dies als Nebeneffekt geschehen könnte) (vgl. Reiners, 1995, S.17). Zuletzt ist festzuhalten, dass weder freizeitpädagogische Ziele, noch die reine Selbsterfahrung einen Kern des erlebnispädagogischen Handelns darstellen (vgl. Heckmair & Michl, 2012, S.114). Als Abgrenzung zu reinen Freizeitaktivitäten im „on the job" und „off the job"-Bereich ist es sicherlich hilfreich, den pädagogischen Anspruch des Begriffs zu betonen.

Doch ab wann gilt eine Unternehmung wirklich als Erlebnispädagogik? Und wo besteht der Unterschied zu gewöhnlichem Lernen oder anderen Formen der pädagogischen Betreuung?

Damit eine Unternehmung als erlebnispädagogische Aktivität definiert werden kann, müssen einige Merkmale gegeben sein. Insbesondere zur Abgrenzung, zu den absolut theoretischen Formen des Lernens, müssen bei der Erlebnispädagogik die tätige Auseinandersetzung mit einem Raum beziehungsweise einer Aufgabe im Zentrum des Lernprozesses stehen (vgl. Galuske, 1999, S. 210). Die jeweilige Situation oder Aufgabe macht also immer ein Handeln notwendig, damit es als Erlebnispädagogik klassifiziert werden kann (vgl. Heckmair & Michl, 2002, S. 269). Eine weitere Besonderheit für das Setting von Erlebnispädagogik ist der Ernstcharakter der Situation. Dies bedeutet so viel wie, dass sich im Idealfall ein sogenannter Sachzwang ergibt, welcher scheinbar ohne das Eingreifen eines Pädagogen von außen (nur bedingt durch die unmittelbare Situation) einen Lernprozess in Gang setzt. Das Verhalten der Teilnehmer von erlebnispädagogischen Aktivitäten zeigt dabei nicht nur in der Reaktion des Pädagogen, sondern auch unmittelbar in der Lebenssituation Auswirkungen. Dies gilt insbesondere bei Aktivitäten bei denen es um die Befriedigung elementarer Lebensbedürfnisse, wie zum Beispiel Nahrung, Wasser, Schlaf, physische Sicherheit, Zugehörigkeit und Einflussmöglichkeiten, geht. Der entscheidende Faktor ist also, dass der Lerninhalt nicht theoretisch vom Pädagogen vorgegeben wird, sondern vielmehr sich aus dem bloßen Kontext erklärt. (vgl. Galuske, 1999, S. 211f.). Im engen Zusammenhang damit steht die Selbststeuerung. Auch Heckmair und Michl bevorzugen dieses „trail and error"-Prinzip. Demnach soll die pädagogische Betreuung reduziert werden und den Teilnehmer ein hohes Maß an Mitbestimmung für ein wesentliches Lernziel zugeschrieben werden. Resultierend daraus kann man diesen Punkt so zusammenfassen, dass die Teilnehmer aus ihren eigenen Fehlern lernen sollen (vgl. Heckmair & Michl, 2002, S. 201).

Das Erlernen sozialer Kompetenzen und Kooperationsfähigkeit ist ebenfalls ein wichtiger Aspekt der Erlebnispädagogik. Daher werden die meisten erlebnispädagogischen Angebote für Gruppen und Kleinteams konzipiert. Die Gruppe ist dabei das Lernfeld und zugleich auch der Erfahrungsraum. Durch sie ist ein Rahmen für dialogisches Lernen, gemeinschaftliche Erlebnisse und der Umgang mit Konflikten gegeben. Weitere individuelle Kompetenzen wie Mut, Sicherheit oder Selbstvertrauen können durch soziale Resonanz erheblich unterstützt werden (vgl. Paffrath 2013, S. 87). Die Ressourcenorientierung stellt ein weiteres Strukturmerkmal der Erlebnispädagogik dar. Mit ihr ist eine prinzipielle Veränderung des Blickwinkels pädagogischer Vorgehensweisen verknüpft. Dabei bezieht sich die Veränderung des Blickwinkels von einer defizitorientierten Einstellung bis zu einer wachstumsorientierten Sichtweise hin. Diese Vorgehensweise ist auch für die Teilnehmer von Bedeutung, da diese, sofern sie an sich glauben, auf ihre eigenen Entwicklungsmöglichkeiten vertrauen und sich mehr anstrengen, nicht vorschnell aufgeben und persönliche sowie gruppenbezogene Ziele eher erreichen (vgl. Paffrath 2013, S. 86f). Durch diesen Perspektivenwandel kann außerdem der sogenannte „Pygmalion-Effekt" ausgelöst werden (vgl. Rosenthal & Jacobson, 1968, S.37). Dieser Effekt besagt das gute Erwartungen auch gute Leistungen hervorrufen (vgl. Wondrak, 2016, S.1).

Der Wechsel von Aktion und Reflexion stellt ebenfalls ein Merkmal der Erlebnispädagogik dar und ist für das Handlungslernen unabdingbar. Die Reflexion ergänzt in diesem Fall das Handeln und Erleben sowie ermöglicht es eine distanzierte Betrachtung der Gesamtlage. Durch diese außenstehende Betrachtung lassen sich bei vorhandener Empathie alle Aspekte nachempfinden, analysieren und bewerten. Dadurch entstehen Einsichten, Erkenntnisse und Erfahrungen in Bezug auf das Lernprojekt. Zudem wird die begrenzte Selbstwahrnehmung erweitert und ein realistischeres Eigenbild entsteht. Bei dem gesamten Reflexionsprozess haben die kommunikativen Prozesse eine wesentliche und relevante Funktion (vgl. Paffrath, 2013, S. 87f.). Um diese Vorgehensweise sinnvoll umsetzen zu können muss ein pädagogisches Arrangement bestehen. Gerade wegen dem pädagogischen Anspruch ist die Erlebnispädagogik durch andere erlebnisträchtige Angebote, wie beispielsweise ein Outdoor-Training, zu unterscheiden. Zu diesem Arrangement gehört sowohl die gezielte und absichtsvolle Planung sowie Realisierung als auch die Beteiligung von erlebnispädagogisch geschultem Personal (vgl. Galuske, 1999, S. 211)

Letzten Endes muss Erlebnispädagogik selbstverständlich einen Erlebnischarakter besitzen. Dieses Lernen durch Erleben ist in außereuropäischen Gesellschaften ein sehr erfolgreiches Prinzip (vgl. Heckmair & Michl, 2002, S. 270). In der Erlebnispädagogik wird genau auf die prägende Wirkung von Erlebnissen mit der Annahme gesetzt, dass erlernte Inhalte auf diese Art und Weise länger in Erinnerung bleiben. Dieser Effekt erhöht sich je außergewöhnlicher der Charakter einer Lernsituation ist und je eher Grenzerfahrungen ermöglicht werden. (vgl. Galuske, 1999, S. 211).

2.3. Das Erlebnis als zentraler Bezugspunkt

Da Erlebnisse einen besseren Lerneffekt erzielen sind sie der zentrale Bezugspunkt der Erlebnispädagogik. Bleiben einzelne Erlebnisse nicht nur punktuelle und impressionistische Eindrücke, sondern werden vom Organismus integriert und verarbeitet, resultieren aus Erlebnissen nachhaltige Erfahrungen. Diese vermitteln neue Erkenntnisse und erweitern das vorhandene Verhaltensrepertoire. Diesen Zusammenhang spiegelt das Modell der sogenannten „E-Kette" genaustens wider (vgl. Paffrath, 2013, S. 54 & vgl. Michl, 2009, S.116).

Abbildung 1: Die E-Kette nach Paffrath

(In Anlehnung an Paffrath, 2013, S. 54)

Diese Reihenfolge ist allerdings stark verallgemeinernd und kann zudem nicht immer in der Realität Anwendung finden. Einerseits ergibt eine Erfahrung zwar immer eine subjektive Gewissheit aber nicht unbedingt immer eine objektive Wirklichkeit. Anderseits ergeben sich Erfahrungen sowohl aktiv durch „learning by doing" als auch passiv durch Ereignisse, welche auf das Individuum einwirken. Die Berufung auf eigene Erfahrungen verleitet zudem leicht sich gegen andere Sichtweisen und neue Erkenntnisse abzuschotten (vgl. Paffrath, 2013, S. 54ff.). Des Weiteren hat dieses Modell einen klaren Anfang und ein klares Ende. In der Realität ergeben sich jedoch aus den meisten Erkenntnissen zumeist viele, neue Ereignisse, weshalb man das Model eher anders darstellen sollte. Ein mögliches grafisches Beispiel wäre unter anderen wie folgt darstellbar:

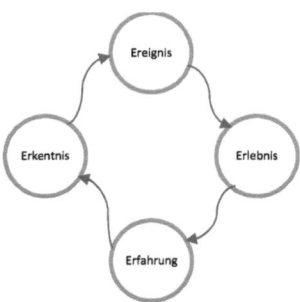

Abbildung 2: Die Eigendarstellung des E-Ketten Modells

(In Anlehnung an Paffrath, 2013, S. 54)

Resultierend daraus gilt es den Vorrang den sogenannten prozessualer Erfahrungen zu ermöglichen, da diese der Motor von Lebensveränderungen und Innovationen sind (Ritter, 2007, S. 57). Um die prägende Kraft von Erlebnissen für nachhaltige Bildungsprozesse nutzen zu können, werden von der Erlebnispädagogik Szenarien eingesetzt, die mit Wagnis und Risiko verbunden sind, um so Grenzerfahrungen zu ermöglichen. Abenteuer schaffen zudem Räume für einen Perspektivenwechsel, für neue Erfahrungen und gewährleisten einen weitläufigen Abstand zum Alltag. Auf diese Art und Weise wird der Teilnehmer dazu gezwungen Entscheidungen zu treffen und Konsequenzen auszuhalten (vgl. Paffrath, 2013, S. 56ff.)

2.4. Lernphasen in der Erlebnispädagogik

Wie in den Definitionen bereits erwähnt ist die Erlebnispädagogik ein Bildungsansatz mit handlungsorientierten Methoden. Das Ziel dabei ist es, dass alle Teilnehmer etwas gelernt haben. Es handelt sich somit also um einen Prozess beziehungsweise Lernprozess. Diese Lernprozesse lassen sich stets in verschiedene Phasen gliedern. In der Literatur sind dabei drei Modelle vorrangig anzutreffen. Eines dieser Modelle wird als Drei-Phasen-Modell nach Michl bezeichnet. Dieses ist in drei Schritte untergliedert (1. Erleben, 2. Erinnern und 3. Erzählen). Ein weiteres Model ist das Vier-Phase-Modell nach Coleman. Dieses ist, wie der Name ausdrückt, in vier Schritte untergliedert (1. Handeln, 2. Verstehen, 3. Generalisieren und 4. Anwenden). Genau wie diese zwei Modelle gibt es noch ein ähnlich aufgebautes Fünf-Phasen-Modell nach Jolpin. Dieses wird unterteilt in 1. Die Problemphase, 2. Die Aktionsphase, 3. Die Unterstützung, 4. Das Feedback und 5. Die Nachbesprechung. Diese Modelle unterscheiden sich, wie ihre Namen schon erahnen lassen, durch die Anzahl an Phasen. Während bei Michl der Lernprozess in drei Schritte vollzogen ist, teilt Colemann den Prozess in vier und Jolpin gar in fünf Schritte ein. Die Modelle gleichen sich, da sie alle jeweils mit dem Handeln anfangen. Für alle beginnt der Prozess damit, dass eine Person etwas körperlich tätigt. Michl bezeichnet dies als Erleben, Coleman als Handeln und Jolpin als Aktionsphase. Jolpin nennt zwar zuerst die Problemphase, jedoch im Grunde haben alle Menschen die an einem erlebnispädagogischen Training teilnehmen eine Ursache für ihr Handeln. Lediglich Joplin betitelt dies als eigene erste Phase. Der weiterführende Ablauf der drei Modelle ähnelt sich ebenfalls. Das Erlebte muss zunächst reflektiert werden. Die Menschen müssen sich dabei, wie Michl sagt, „Erinnern", Coleman bezeichnet dies als „Verstehen" und Jolpin als „Unterstützung und Feedback" (vgl. Reiners, 1995, S.23).

Die Erlebnispädagogik ist in die Phasen Ereignis beziehungsweise Erlebnis, Reflexion und Transfer zu unterteilen. Zunächst einmal erleben die Teilnehmer etwas und erhalten verschiedenste Sinneseindrücke. Dieses Ereignis mit den verbundenen Sinneseindrücken wird je nach subjektiver Verarbeitung zu einem individuellen Erlebnis (vgl. Lakemann, 2005, S.15). Damit ein Transfer überhaupt möglich ist muss allerdings immer reflektiert werden. Diese Reflexion ist generell für alle Übungen wichtig. Besonders in der Erlebnispädagogik jedoch hat sie eine tragende Rolle, denn die Reflexion macht die Erlebnisse transparent, holt Unterbewusstes ins Bewusstsein sowie hilft sie Erlebtes zu verarbeiten und einzuordnen. Hier werden Selbst- und Fremdwahrnehmungen abgeglichen als auch Konflikte in der Gruppe angesprochen und geklärt (vgl. Witte, 2002, S. 66).

Da die Erlebnispädagogik mit Abenteuern und Grenzerfahrungen arbeitet, müssen für einen Lernerfolg jedoch noch einige Dinge mehr beachtet werden. Das höchste Lernpotential besteht beispielsweise dann, wenn sich der Teilnehmer in einem mentalen Bereich zwischen der Komfortzone und der Panikzone bewegt. In der Komfortzone treten nur bekannte Umstände auf, welche wiederum keinen Lerneffekt erzielen. In der Panikzone wird die Gehirnaktivität auf überlebenswichtige Maßnahmen wie Aggression und Starre reduziert. Ein Lerneffekt kann in dieser Zone somit ebenfalls nicht erzielt werden. Übertritt man jedoch die Komfortzone in einem passenden Maß, können diese neuen, fremden oder unbequemen Erlebnisse nachhaltig integriert werden. Durch die Auseinandersetzung mit den neuen Erlebnissen bilden sich neue Einsichten, Erkenntnisse oder Fähigkeiten, die somit das vorhandene Handelsrepertoire ergänzen. Des Weiteren vergrößert sich die Komfortzone und kann als Ausgangspunkt für weitere Grenzüberschreitungen sowie erneutes persönliches Wachstum genutzt werden. Dieses Modell nennt man Lernzonenmodell (vgl. Luckner & Nadler, 1997, S. 29f.).

2.5. Reflexionsmodelle

Für erlebnispädagogische Lernprojekte hat die Reflexion einen extrem hohen Stellenwert. Aufgrund dessen haben sich in der Literatur drei charakteristische Reflexionsmodelle herausbilden lassen.

1. „The Montain Speak for Themselves"-Modell

Der ursprüngliche Ansatz des Modells beruht auf der Basis der prägenden Kraft unmittelbarer Erfahrungen in der Natur und geht dabei von einer unmittelbaren Wirkung der „off the job" Aktivitäten aus. Die Auseinandersetzung mit der Natur ruft in diesem Fall eine Einstellungs- beziehungsweise Verhaltensänderungen hervor. Die Leiter eines erlebnispädagogischen Angebots müssen dabei lediglich die Teilnehmer in die herausfordernde Situation bringen und immer für ausreichend Sicherheit sorgen. Die angeleiteten Reflexionen sind in diesem Model nicht nötig und deshalb kein fester Bestandteil des Projekts. Den Teilnehmern ist es selbst überlassen, ob sie ihre Erlebnisse aufarbeiten und reflektieren wollen. Aufgrund dessen sollte es ausschließlich bei Zielgruppen angewendet werden, die bereits mit Selbstreflexion eine gewisse Vorerfahrung besitzen oder zumindest die Kompetenz der Selbstbeobachtung besitzen. Aus pädagogischer Sicht ist dieses Modell in der Praxis deshalb weniger anspruchsvoll. Des Weiteren wird kritisiert, dass nicht die Stärken der Teilnehmer, sondern ihre Schwächen im Vordergrund stünden, weil das Model auf einer unreflektierten Wertung aufbaut ist (vgl. Zuffellato & Kreszmeier, 2007, S. 238 ; vgl. Witte, 2002, S.69f. & vgl. Paffrath, 2013, S. 93).

2. Das Outward-Bound-Plus Modell

Dieses Modell ergänzt das zuvor vorgestellte Model durch die gezielte Einbeziehung der Reflexion. Dabei soll das Erlebte bewusst- und anschließend kognitiv verarbeitet werden. Die eingeräumten intensiven Reflexionsphasen in diesem Prozess wirken besonders sinnesanregend, da erlebnispädagogische Programme meist nur engere zeitliche Rahmen zur Verfügung haben und durch den starken Workload sich intensiver mit den eigenen Gedanken auseinandergesetzt wird (vgl. Paffrath, 2013, S. 94 ; vgl. Witte, 2002, S.70 & vgl. Zuffellato & Kreszmeier, 2007, S. 239).

3. Das Metaphorische Model

Das Metaphorische Modell gilt als das Modell der Zukunft, welches auch in den letzten Jahren hierzulande Verbreitung fand. Entwickelt wurde es Anfang der 80er Jahre von Bacon. Sein Fokus richtete sich wieder auf die Erlebnisprozesse. Bei diesem Modell muss eine möglichst hohe Strukturgleichheit beziehungsweise Strukturähnlichkeit zwischen der realen Alltagssituation und der erlebnispädagogischen Aktion herrschen. Die Teilnehmer erleben hierbei eine Situation metaphorisch in Bezug auf eine Alltagssituation. Dadurch kann der bei der Aktion erweckte Kraft und Energie leicht auf die entsprechende Alltagssituation übertragen werden. Daraus ergibt sich eine neue Herausforderung für den Leiter des erlebnispädagogischen Projektes. Dieser muss allerdings eine gute Vorarbeit leisten. Die typischen Alltagsprobleme seiner Teilnehmer muss er vorab ausfindig machen und dazu eine annähernd identische Situation konstruieren. Eine Reflexion im Anschluss kann (, muss aber nicht zwingend,) stattfinden. Auch dieses Modell wird in der Literatur von einigen Personen kritisiert. So wird unter anderen unterstellt, dass soziales Lernen beim Konzept des metaphorischen Modells an Tragweite verliere und sich generell das soziale Handeln metaphorisch nicht umsetzen ließe. Außerdem wird kritisiert, dass der Kursleiter ganz allein die Entscheidung für die Situation und den Inhalt des Kurses träfe. Es bestehe also die Gefahr, dass nur bestimmte Aspekte thematisiert werden und dabei individuelle bedeutsame Sachverhalte untergehen beziehungsweise vernachlässigt werden (vgl. Witte, 2002, S.74f. ; vgl. Zuffellato & Kreszmeier, 2007, S.233 ; vgl. Witte, 2020, S.71f. ; vgl. Paffrath, 2013, S. 94 & vgl. Koring, 1997, S.371).

Weiterhin ist unabhängig von den drei Modellen zu beachten, dass die aktive und verbale Reflexion für viele Teilnehmer unbefriedigend ist. Oft besteht dabei auch eine bewusste beziehungsweise unbewusste Sperre gegen die Versprachlichung von Erlebnissen. Lebensintensität, Gefühlstiefe oder subjektive Ergriffenheit lassen sich zudem nur schwierig verbal ausdrücken (vgl. Friebe, 2010, S. 37ff.). Eine weitere unterstützende Maßnahme der Reflexion ist eine Videoanalyse. Für die Erlebnispädagogik ergibt sich dadurch die Möglichkeit, bestimmte Handlungsabläufe über die subjektive Wahrnehmung und Erinnerung hinaus noch einmal zu betrachten. Resultierend daraus können die Teilnehmer aus der Rolle des unmittelbar Handelnden heraustreten und Interaktionen distanziert als auch differenziert betrachten. Auf diese Weise können oft übersehene Mimiken, Gestiken oder Körperhaltungen der Akteure aktiv wahrgenommen werden (vgl. Paffrath, 2013, S. 96).

2.6. Lerntransfer zurück zum Alltag

Der Transfer ist ein entscheidender Faktor des Lernens in Bezug auf die erlebnispädagogischen Aktivitäten und Maßnahmen. Die Reflexion ist dabei die Basis für den Transfer in den Alltag. In der Literatur sind drei verschiedene Formen des Transfers zu unterscheiden:

1. Der (fach-)spezifische Transfer

Beim fachspezifischen Transfer werden konkrete Verhaltensweisen und Lerninhalte soweit verinnerlicht, sodass sie auch in anderen Lernsituationen verfügbar sind. Auch die fachlichen Fähigkeiten werden auf ähnliche Situationen übertragen und angewendet (vgl. Steindorf, 2000, S.63).

2. Der unspezifische Transfer

Bei dieser Form des Transfers geht es um das generelle Lösen von fachunspezifischen Konflikten oder Problemen durch selbsterlernte Strategien. Wie der Name bereits verrät ist diese Art des Transfers allgemein gehalten. Sie bezieht sich also auf keine konkrete Thematik. Einstellungen, Prinzipien oder Verhaltensweisen werden hierbei zumeist verallgemeinert. Außerdem werden keine spezifischen Fertigkeiten, sondern nur grundlegende Muster und Vorgehensweisen übertragen (vgl. Steindorf, 2000, S.64).

3. Der metaphorische Transfer

Der metaphorische Transfer ist die dritte Art des Lerntransfers in den Alltag. Er findet während der Aktivität anhand ähnlicher Strukturen oder nach der Aktivität mit Hilfe von Reflexion statt. Hierbei wird an das oben geschilderte gleichnamige Reflexionsmodell angeknüpft. Der Trainer kreiert eine erlebnispädagogische Situation die analog zum Alltag ist. Dadurch können die Lernerfahrungen, welche zu Verhaltensänderungen führen, leichter im Alltag umgesetzt werden (vgl. Steindorf, 2000, S.65).

In der Literatur werden außerdem weitere Transferarten unterschieden. Aufgrund dessen ist der negative-, positive- und Nulltransfer sowie der vertikale- als auch laterale Transfer zu erwähnen. Ein positiver Transfer besteht dann, wenn bereits gelernte Fähigkeiten das Erlernen, neuer und ähnlicher Fähigkeiten durch hohe Übereinstimmung mit der neuen Lernsituation, erleichtert. Wer beispielsweise Rollschuh fahren lernt, dem fällt das Erlernen von Schlittschuhfahren in den meisten Fällen leichter (vgl. Steindorf, 2000, S.70). Ein negativer Transfer hingegen bedeutet, dass das Erlernen einer neuen Fähigkeit durch bereits erworbene Fähigkeiten beeinträchtigt oder gar gehemmt wird. Eine Hemmung durch das vorhandene Wissen oder die vorhandenen Fähigkeiten geschieht vor allem dann, wenn zum Beispiel ein Autofahrer in einem anderen Land Linksverkehr statt Rechtsverkehr bewältigen muss. Beim Nulltransfer gibt es keinerlei Auswirkung auf das nachfolgende Lernen. Das Training wirkt sich also nicht auf andere Aufgaben aus. Es gibt weder eine Verbesserung noch eine Verschlechterung hinsichtlich der Bewältigung (vgl. Bergmann & Sonntag, 2006, S.288). Zudem lassen sich Transferarten hinsichtlich der Komplexität des Gelernten differenzieren. Hierbei sind der vertikale und der laterale Lerntransfer zu betiteln. Gagné bezeichnet den vertikalen Transfer als eine Situation in welchen untergeordneten Fähigkeiten eine Transferwirkung auf eine komplexere Lernaufgabe haben (vgl. Gagné, 1973, S.264f.). Lateraler Transfer bezeichnet die Anwendung des zuvor Gelernten auf einen Lernstoff bei gleichem Niveau beziehungsweise Komplexität. Zudem soll das Gelernte auf eine große Bandbreite an Aufgaben oder Problemsituationen anwendbar sein (vgl. Steindorf, 2000, S.70).

2.7. Kritik am Gesamtkonzept der Erlebnispädagogik

Obwohl sich die Erlebnispädagogik in den letzten Jahren in vielen Bereichen etablieren konnte, wird sie immer noch von einigen wenigen mit Skepsis betrachtet. Die Kritik an diesem Konzept richtet sich dabei vornehmlich gegen kostenintensive Auslandsprojekte die von Kritikern eher als Urlaub betrachtet werden. Oft wird es auch als Luxuspädagogik oder unverbindliche Spaßveranstaltung betrachtet. Auch in engeren Fachdiskussionen werden von Kritikern Defizite und Grenzen aufgeführt. Auf diese Weise wird die Erlebnispädagogik zum Beispiel von Schulze als irrational und antiintellektuell bezeichnet, da sie Abenteuer romantisiert und idealisiert (vgl. Schulze, 1992, S. 547). Ein weiterer Kritikpunkt ist die Flucht in eine Parallelwelt, die mit der Realität nicht verknüpft sei und mit den Herausforderungen der realen Gesellschaft nichts zu tun haben (vgl. Beck, 1986, S. 89). Betrachtet man viele der angeführten Kritiken, so können neben der grundsätzlichen Kritik der Erlebnispädagogik als gegenläufiges Modell zwei weitere Aspekte aufgeführt werden. Einerseits ist die theoretische Fundierung unzureichend. Zum anderen fehlen Nachweise für die Wirksamkeit der Programme (vgl. Tenorth & Tippelt, 2007, S. 195). Auch die Aussage von Bühler besagt, dass kurzzeitpädagogische Maßnahmen den Transfer von Erfahrungen und Problemlösungsstrategien in den Alltag nicht ermöglichen können (vgl. Bühler, 1986, S. 71).

Allerdings muss man klar erwähnen, dass die Ergebnisse einer breit angelegten Studie von Jagenlauf und Bress den Aussagen von Bühler widersprechen. Die beiden Forscher haben in ihrer Studie Befragungen mit Teilnehmern einer zweiwöchigen erlebnispädagogischen Aktion bei Outward Bound durchgeführt. Dabei wurden empirische Instrumente wie zum Beispiel die teilnehmende Beobachtung, offene Interviews oder Fragebögen eingesetzt. Insgesamt wurde die Wirkung bei 2500 Probanden getestet. Es konnte dadurch nachgewiesen werden, dass kurzzeitpädagogische Programme in der Tat die Persönlichkeitsentwicklung von Teilnehmern in einem hohen Maße fördern können. Über 70% der Befragten bestätigten einen „starken" Einfluss auf ihre persönliche Entwicklung (vgl. Jagenlauf & Bress, 1990, S.2). Leider gibt es neben dieser Studie bisher keine weiteren Forschungen über die Wirkung kurz andauernder erlebnispädagogischer Projekte.

Generell stellt die Frage nach dem Transfer den häufigsten Kritikpunkt dar. Nach Meier-Gantenbein und Späth gibt es tatsächlich einige empirische Untersuchungen aus dem englisch sprachigen Raum, welche auf die Wirksamkeit von Handlungslernen hindeuten. Sie beweisen bisher zwar nicht immer einer Wirkung, was aber begründet ist, da es eine Reihe von Wirkungen gibt die empirisch kaum beziehungsweise nicht messbar sind. Resultierend lässt sich beispielsweise der Vertrauensgrad zwischen Teamkollegen nicht empirisch nachweisen (vgl. Meier-Gantenbein & Späth, 2012, S.248).

Ein letzter Kritikpunkt gilt dem Umgang mit der Natur. Sehr viele erlebnispädagogische Aktivitäten finden im „off the job"-Bereich statt. Deshalb befürchten viele Ökologen das die unberührte Natur darunter leiden könne. Die Umwelt würde beschädigt oder gestört werden, lautet in diesem Fall der Vorwurf. Die Bedenken aus ökologischer Sicht sind durchaus verständlich. Umso mehr muss jedoch betont werden das fachlich ausgebildete Erlebnispädagogen sich stets intensiv mit dem Thema Ökologie und Nachhaltigkeit auseinandersetzen sollten und in den erlebnispädagogischen Programmen stets darauf achten, dass die Natur möglichst verschont bleibt (vgl. Meier-Gantenbein & Späth, 2012, S.249).

3. Entscheidungsprozesse

3.1 Einführung in die entscheidungstheoretischen Grundlagen

Für den Begriff „Entscheidung" finden sich in der Literatur eine Vielzahl von unterschiedlichen Definitionen. All diese Definitionen haben jedoch die mehr oder weniger bewusste Auswahl von einer oder mehreren möglichen Handlungsalternativen gemeinsam. Dabei fließen auch bei bewussten Entscheidungen unbewusste Faktoren wie Präferenzen oder Wertevorstellungen mit ein (vgl. Gillenkirch & Winter, 2018, S.1). Aufgrund dessen stellt sich die Frage: Was macht Entscheidungen schwierig? Eisenführ & Weber listen hierzu 4 Punkte auf. Der erste Punkt ist die Unsicherheit über die Zukunft, da die Folgen der möglichen Handlungsalternativen nicht mit Bestimmtheit absehbar sind. Der zweite Punkt sind Zielkonflikte. Gibt es mehrere Ziele, so kann jede Alternative gewisse Vorteile gegenüber anderen aufweisen. Ein weiterer, wichtiger Punkt ist deshalb auch die Anzahl der Alternativen. Sind zu wenig Alternativen vorhanden, so wird womöglich aufwendig nach weiteren Alternativen gesucht. Sind zu viele davon vorhanden, muss jedoch eine Strategie zur Vorauswahl getroffen werden. Der letzte Punkt ist die Komplexität. Diese wird durch die Anzahl der auf das Ergebnis einwirkenden unsicheren Einflüsse und die Zahl der Ziele beeinflusst. Daher benötigt man zur Entscheidungsbewältigung formalisierte Regeln und Prozeduren, um in komplexen Situationen seine Erwartungen und Wünsche zu formen, transparent zu machen und konsistent zu verarbeiten (vgl. Eisenführ & Weber, 2003, S. 2ff.).

Der Entscheider durchläuft deshalb immer einen Entscheidungsprozess, dessen allgemeiner Modellrahmen sich wie folgt beschreiben lässt:

Der Entscheidungsprozess nach Kahle:
Der Entscheider hat eine bestimmte Zielvorstellung.
Es gibt verschiedene Alternativen, die auf die Umwelt einwirken können. Diese Alternativen schließen sich dabei gegenseitig aus.
Zwischen Handlungsmöglichkeiten und Umweltveränderungen bestehen stets bestimmte Zusammenhänge.
Die Umweltveränderungen können anhand der Zielvorstellungen in eine Ordnungsrelation gebracht werden.
Diese Ordnungsrelation kann für alle Alternativen aufgestellt werden.

Tabelle 2: Der Entscheidungsprozess nach Kahle

(vgl. Kahle, 2001, S. 39)

Auftauchende Entscheidungsprobleme lassen sich ebenfalls in drei Gesichtspunkten unterteilen. Zum einen nach der Anzahl der nachfolgenden Entscheidungen, also ob die Entscheidung einstufig oder mehrstufig ist. Zum anderen nach der Anzahl der Ziele beziehungsweise Zustände. Demnach kann eine einfache oder mehrfache Zielsetzung gegeben sein. Der letzte Gesichtspunkt sind Umweltsituationen. Sie können sicher oder unsicher sein, wobei bei unsicheren Umweltsituationen weiterhin zwischen Ungewissheit und Risiko unterschieden werden sollte (vgl. Stelling, 2009, S. 318). Im Rahmen eines Entscheidungsprozesses ist es deshalb sinnvoll, die Alternativensuche im Rahmen eines mehrstufigen Prozesses durchzuführen und somit einzelne Phasen nicht unabhängig voneinander zu betrachten. Der Begriff „Entscheidung umfasst nicht nur den Entschluss, sondern auch dessen Vorbereitung. Dazu erfolgt ein strukturierter Prozess mit folgender zeitlicher Abfolge:

1) Problemformulierung

2) Präzisierung des Zielsystems

3) Erforschung von Alternativen

4) Prognose der Ergebnisse der Alternativen

5) Auswahl einer Alternative

6) Entscheidung in der Realisierungsphase

(vgl. Laux, 2005, S. 8ff.)

Damit Entscheidungen für den Entscheider sinnvoll sind müssen außerdem Grundprinzipien erfüllt sein. Sie müssen subjektiv rational sein und bei hoher Komplexität sich in leichter handhabbare Komponenten zerlegen lassen, wobei jede der Komponenten einzeln und für sich bearbeitbar sein muss. Die grundsätzlichen subjektiven Erwartungen und Präferenzen müssen zudem begründet sein und mit rationalen Vorstellungen des Entscheiders übereinstimmen. Bei einer auf der Basis geäußerter Erwartungen und Präferenzen als optimal identifizierte Lösung muss die Stabilität gegenüber Variationen der verarbeitenden Information in diesem Fall geprüft werden. Liegen über den Erwartungen und Präferenzen keine vollständigen Informationen vor und eine Alternative wird trotzdem als überlegen betrachtet spricht man von Dominanz (vgl. Eisenführ & Weber, 2003, S. 5ff.)

3.2. Komponenten der Entscheidungstheorie

Jede Entscheidung beinhaltet nach der Entscheidungstheorie 4 grundsätzliche Komponenten. Diese setzen sich aus Zielen, Alternativen, Umwelt und Ergebnissen zusammen. Nachfolgend sollen diese 4 Komponenten im Einzelnen näher erläutert werden.

3.2.1. Ziele der Entscheidungsfindung

Die Entscheidungstheorie benötigt Zielvorstellungen des Entscheiders um Konsequenzen der Handlungsalternativen beurteilen zu können (vgl. Laux, 2005, S. 3). Diese Ziele sind für das Finden und die sinnvolle Auswahl von Alternativen sowie für die Definition von relevanten Umwelteinflüssen unbedingt notwendig (vgl. Eisenführ & Weber, 2003, S. 53f.). Des Weiteren lassen sie sich in mehrere Teilbereiche gliedern und hierarchisch anordnen. Dazu gibt es mehrere Ansätze. Folgend soll jedoch nur der von Stelling beschrieben werden, da dieser der am weiten verbreiteten Ansatz in der Literatur ist. Demnach werden Ziele in Zielausmaß, Mitte-Zweck-Beziehungen und Zielbeziehungen unterteilt. Das Zielausmaß ist für die Unterteilung in Haupt- und Nebenziele relevant. Wird ein Ziel für die Erreichung eines weiteren Ziels benötigt, so wird Ersteres als Unter- und Zweiteres als Oberziel bezeichnet. Ist ein Ziel beides gleichzeitig, so spricht man auch von einem Zwischenziel. Diese Unterteilung beschreibt die Mittel-Zweck-Beziehungen. Die Zielbeziehung gibt dagegen an inwieweit Maßnahmen zur Verbesserung einer Zielgröße eine andere, weitere Zielgröße beeinflusst. Dazu wird zwischen Zielneutralität, Zielkomplementarität und Zielkonflikten unterschieden. Besteht Zielkomplementarität, so kann sich der Entscheider allein an einer Zielgröße orientieren. Bei einem Zielkonflikt müssen Vor- und Nachteile der verschiedenen Zielgrößen gegeneinander abgewogen werden (vgl. Stelling, 2009, S. 315f.).

3.2.2. Alternativen

Für ein Entscheidungsproblem müssen mindestens zwei sich gegenseitig ausschließende Alternativen gegeben sein, die sich ebenfalls in der Erreichung von mindestens einem Ziel unterscheiden. Die Anzahl der möglichen Alternativen ist dabei meist nicht vom Entscheider beeinflussbar (vgl. Laux, 2005, S. 4). Nach Kahle müssen Alternativen unvereinbar sein, gleiche Ausgangsbedingungen besitzen und eine Vollständigkeit aufweisen. Die Unvereinbarkeit ergibt sich aus der Definition der Entscheidung als Wahlakt. Durch gleiche Ausgangsbedingungen wird die Voreingenommenheit des Entscheiders verhindert. Die Vollständigkeit einer Alternative bezieht sich auf angemessene Kosten für die Informationsbeschaffung sowie auf die Verbesserung der Entscheidung (vgl. Kahle, 2001, S. 47ff.)

Die Suche nach relevanten und akzeptablen Alternativen, sofern erforderlich, stellt zu alle dem oft ein Problem dar. Es kann sich dabei um einen Suchvorgang oder einen kreativen Prozess zum Generieren von Alternativen handeln. Generell besteht eine Problematik darin, wann beziehungsweise zu welchem Zeitpunkt der Prozess beendet werden soll. Durch Zeit- oder Ressourcenbegrenzungen wird die Alternativenproduktion oft unterbunden. Auch das Aufschieben von Entscheidungen kann zu Nachteilen oder sogar zum völligen Verlust von Alternativen führen. Deshalb muss die Entscheidung, wann die Suche abgebrochen wird, von Zielen und Erwartungen abhängig sein. Weiterhin muss das Ziel vor der Alternativensuche möglichst weitgehend geklärt sein. Gleichzeitig mit der Alternativenerzeugung muss es zu einer Überprüfung und notwendigenfalls einer Aussonderung von Alternativen kommen. Eine Erhöhung der Anzahl der Alternativen ist also nur dann sinnvoll, wenn die Chance besteht eine bessere als die bereits bekannten zu finden (vgl. Eisenführ & Weber, 2003, S. 73f). Hierzu muss erklärt werden, dass die Alternativenerzeugung als die Erfindung einer völlig neuartigen Alternative oder der systematischen Konstruktion einer zwar neuen, aber zu den bereits bekannten ähnlichen, Alternativen definiert wird (vgl. Dyckhoff & Ahn, 1998, S.53).

3.2.3. Umwelt

Bei den Umweltbedingungen handelt es sich um Größen die vom Entscheider nicht beeinflusst werden können. Ebenfalls sind die Ausprägungen nur in Ausnahmefällen mit Sicherheit bekannt (vgl. Laux, 2005, S.22f.). Die Erwartungsstruktur und deren einzelnen Komponenten können dabei wie folgt gegliedert werden.

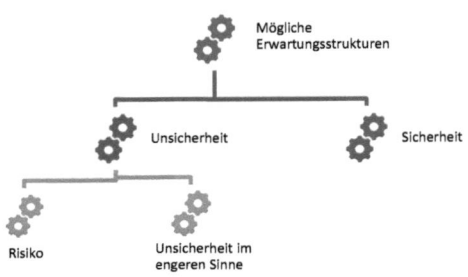

Abbildung 3: Die Erwartungsstruktur der Umweltbedingungen

(vgl. Laux, 2005, S. 63ff.)

Von einer Entscheidung unter Sicherheit spricht man, wenn dem Entscheider die Ausprägungen aller entscheidungsrelevanten Daten mit Sicherheit bekannt sind. Da es jedoch keine absolute Sicherheit, gibt ist es eine Vorentscheidung, die vorhandene Unsicherheit nicht zu berücksichtigen. Bei einer Entscheidung unter Unsicherheit werden mindestens zwei Zustände möglich. Zum einen eine Entscheidung bei Unsicherheit im engeren Sinne, wobei mittels Daumenregeln eine Entscheidung getroffen werden kann, wenn die Wahrscheinlichkeit unbekannt ist oder man den Aufwand zum Bilden der subjektiven Wahrscheinlichkeit scheut (vgl. Wiese, 2002, S. 17). Zum anderen eine Entscheidung bei Risiko. Besitzt man ein Wahrscheinlichkeitsurteil der denkbaren Zustände, so ist es sinnvoll, diese bei der Ergebnisermittlung zu berücksichtigen. Das Wahrscheinlichkeitsurteil kann sich dabei auf verschiedene Arten ermitteln lassen. Bei der klassischen Wahrscheinlichkeit setzt man die Anzahl der in der betreffenden Teilmenge enthaltenen Ereignisse ins Verhältnis zur Gesamtzahl der möglichen Ereignisse. Die statistische Wahrscheinlichkeit ist empirisch orientiert und wird zum Beispiel durch Zufallsexperimente ermittelt. Im Gegensatz zu diesen objektiven Wahrscheinlichkeiten funktioniert die subjektive Wahrscheinlichkeit anders. Wenn nur Glaubwürdigkeitsvorstellungen vorliegen müssen diese in einem stochastischen Entscheidungsmodell erfasst werden. Dazu müssen die Glaubwürdigkeitsvorstellungen, also die Erfahrungen und die Intuition des Entscheiders als Informationsquelle genutzt und numerisch ausgewertet werden (vgl. Laux, 2005, S. 22f. & 63ff.).

3.2.4. Ergebnisse

Die letzte Komponente der Entscheidungstheorie bilden die Ergebnisse. Für eine gewählte Handlungsalternative und eingetretene Umwelteinflüsse müssen die Konsequenzen ermittelt werden. Dies ist jedoch oftmals nicht leicht oder nicht eindeutig. Deshalb müssen für solche Fälle Wirkungsmodelle erstellt werden (vgl. Eisenführ & Weber, 2003, S. 30). Relevant sind dabei jedoch nur Größen deren Ausprägung für die Zufriedenheit des Entscheiders von Bedeutung sind (vgl. Laux, 2005, S. 21).

3.3. Entscheidungsfindung

Bei komplexen Entscheidungen wird oftmals an Stelle der optimalen Lösung der Anspruch auf eine nur „gute" Lösung reduziert (vgl. Laux, 2005, S. 49f.). Dazu erfolgt in einem ersten Schritt eine Vorauswahl, wobei sich die Anzahl der relevanten Aktionen ohne Annahmen über die Risikoeinstellung verringern lässt. Der Aufwand für die Vorauswahl muss dabei weniger aufwändig sein als die Bewertung der ausgesonderten Alternativen. Auch die Restriktionen und das Anspruchsniveau fließen hierbei mit ein. Bei einer Nichteinhaltung ist in diesem Fall ein sofortiger Ausschluss der Alternative die Folge. Der Vorteil liegt also in der Einfachheit und der Nachteil in der Gefahr von voreiligen Ausschlüssen (vgl. Eisenführ & Weber, 2003, S. 85ff.). Auch sogenannte Dominanzkriterien werden in der Vorauswahl beachtet. Von Dominanz spricht man dann, wenn eine Alternative im Vergleich zu einer anderen als überlegen bewertet wird, obwohl die für die Bewertung notwendigen Informationen nicht vollständig vorliegen.

Nach Stelling werden deshalb drei verschiedene Dominanzprinzipien unterschieden:

1. Absolute Dominanz

Davon spricht man, wenn der minimale Nutzen der ersten Aktion nicht kleiner ist als der maximale Nutzen der zweiten Aktion

2. Zustandsdominanz

Eine Aktion dominiert eine andere Aktion, wenn bei paarweisem Vergleich der oder die Nutzen der ersten Aktion in keinem Zustand kleiner sind als die Nutzen der zweiten

Aktion und bei mindestens einem Zustand die erste Aktion zu einem besseren Nutzen führt.

3. Wahrscheinlichkeitsdominanz

Diese tritt auf, wenn für jeden Nutzen die Wahrscheinlichkeit, diesen Nutzen mit der ersten Aktion zu erzielen, in keinem Zustand kleiner ist als bei der zweiten Aktion. Zusätzlich muss es mindestens einen Nutzen geben, der von der ersten Aktion mit größerer Wahrscheinlichkeit als der von der zweiten Aktion erzielt wird (vgl. Stelling, 2009, S. 320f.).

3.4. Gruppenentscheidungen

In Unternehmen werden Entscheidungen immer seltener durch einzelne Entscheider, sondern durch Gremien, getroffen. Deshalb müssen an dieser Stelle Gruppenentscheidungen auch Beachtung finden und gesondert behandelt werden. Durch diesen Gruppenprozess soll die Einbeziehung von mehr Informationen und verschiedenen Standpunkten mit wachsenden Komplexitäten von Entscheidungen ermöglicht werden (vgl. Lindstädt, 1998, S. 165). Salinger stellte deshalb zwei mögliche Vorgehensweisen für Gruppenentscheidungen vor. In der ersten Variante wird in den Gruppen gemeinsam entschieden. Bei diesem Verfahren fließen die Vorstellungen aller Gruppenmitglieder in die Entscheidung mit ein. Die daraus ermittelten Entscheidungswerte stellen dafür bereits kollektive Entscheidungswerte dar. Die zweite Variante ist die Aggregation über individuelle Entscheidungen. Hier löst zunächst jedes Gruppenmitglied das Problem individuell und ermittelt so eine Reihung der Aktionen. Aus diesen Reihungen aller Gruppenmitglieder muss anschließend eine gerechte Reihung ermittelt werden. Diese wird dann von der Gruppe nach außen hin geschlossen als ihre kollektive Reihung vertreten (vgl. Saliger, 2003, S. 179). Kann keine einheitliche Entscheidung getroffen werden, muss diese durch einen Informationsaustausch, wie etwa eine Abstimmung mit vorherbestimmten festen Regeln, herbeigeführt werden (vgl. Laux, 2005, S. 405). Der Vorteil von Gruppenentscheidungen ist unter anderem eine höhere Bereitschaft der Beteiligten eine getroffene Entscheidung erfolgreich umzusetzen. Ein Nachteil kann jedoch sein, dass sich die Gruppenmitglieder zu stark an persönlichen Zielen orientieren oder gar problematische Wahrscheinlichkeitsurteile abgeleitet werden. In jedem Fall muss auf verschiedene gruppendynamische Effekte geachtet werden (vgl. Eisenführ & Weber, 2003, S. 311ff. & vgl. Laux, 2005, S.433ff.).

4. Praktischer Teil

4.1. Die Unternehmensbeschreibung

Bei dem Anwendungsbeispiel handelt es sich um ein Unternehmen, welches aus der Ecommerce Branche stammt. Die Firma Onlinevertrieb hat seinen Sitz in Dresden und existiert seit dem Jahr 2008. Mittlerweile gehen die Abteilungen vom IT-Service, über das Sales Management, bis hin zum Kundendienst und umfassen knapp über 50 Mitarbeiter. Diese 50 Mitarbeiter sind verteilt auf zwei Standorte im Raum Dresden. Des Weiteren beschränkt sich die Firma Onlinevertrieb nicht nur auf Privatkäufe von Einzelpersonen, sondern entwickelt sich immer mehr im Business to Business Kundenbereich und baut diesen weitestgehend aus. Der Vertrieb des Unternehmens fokussiert sich auf Produkte wie beispielsweise Nahrungsergänzungsmittel, Wasch- sowie Reinigungsmittel, Tees und vieles ähnliche. Zudem sind alle Produkte biologisch ausgezeichnet, ergo es handelt sich also um einen Biomarkt, welcher durch das Internet für alle Menschen leicht zugänglich ist.

4.2. Auftragsklärung und Bedarfsanalyse

Die exzellente Kundenorientierung des Unternehmens gehört zur Unternehmensphilosophie, weshalb verschiedenste Schulungen und Trainings, gegebenenfalls auch Reisen, auf Wunsch nach Belieben und Anforderungen des Kunden für die eigenen Mitarbeiter (ausgenommen Führungskräfte) durchgeführt werden. Dies spiegelt auch das Problem des stagnierenden Wachstums wider. Von 2008 bis 2016 hat die Firma zwar einen hohen Mitarbeiter- und Größenzuwachs bekommen, jedoch ist die Führungsebene diesen Herausforderungen nicht ganz gewachsen. Auch wenn die Mitarbeiter verschiedenste Förderungsmaßnamen in Hinblick auf die Kundenorientierung erhalten, bilden die Führungskräfte sich selbst nicht weiter und haben massivste Probleme bei der Definition von Entscheidungen. Oft kommt es im Berufsalltag der Firma Onlinevertrieb vor, dass getroffene Entscheidungen beziehungsweise Anweisungen gegenüber den eigenen Mitarbeitern ständig beschlossen und im nächsten Moment wieder geändert werden. Des Weiteren kommt es des Öfteren vor, dass Aufgaben beziehungsweise Entscheidungen an eine andere Führungskraft (teilweise auch an einen anderen Standort) weitergegeben werden, welche diese dann auch wieder weitergeben möchte. Sozusagen findet eine ständige Hin und Her Verschiebung der Aufgaben statt. Demnach entsteht ein Kreislauf, welcher den Entscheidungsprozess teilweise solange verzögert, bis die Alternativen ausgehen oder keine Entscheidung mehr nötig ist. Diese Verhaltensweisen führen zu sowohl wirtschaftlichen als auch zu imagebedingten Schäden im Unternehmen aus Arbeitnehmersicht. Aufgrund dessen soll mithilfe eines Trainingskonzeptes die Entscheidungsfähigkeit aller Teilnehmer optimiert werden. Dies betrifft zum einen die Entscheidungsfähigkeit für jeden Einzelnen als auch für Entscheidungsprozesse in der Gruppe. Der Wunsch nach Veränderung in diesem Fall und der damit verbundene Auftrag wird direkt vom Gründer der Unternehmung aufgegeben. Hierzu wird eine Outdoor-Maßnahme für zwei beziehungsweise eineinhalb Tage mit sechs Teilnehmern und anschließender Nachbearbeitung von Seitens des Gründers (als auch des Trainers) gewünscht. Außerdem ist es erwähnenswert, dass es momentan zu keinen Störungen im Hinblick auf die in der Unternehmensphilosophie verankerte Kundenorientierung kommt. Jedoch werden die Mitarbeiter immer unsicherer bei ihrer Arbeit, was wiederum auf Dauer dem Unternehmen negativ zur Last fallen wird.

4.3. Analyse der Teilnehmer

Für das handlungsorientierte Trainingskonzept wurde sechs Teilnehmer beziehungsweise Führungskräfte aus beiden Standorten ausgewählt. Es handelt sich dabei um die Führungskräfte aus den Abteilungen vom IT-Service, Sales Management und Kundendienst, wobei jeder Standort seine abteilungsbezogene Führungskraft zur Verfügung stellt. Alle sechs Personen haben die Verantwortung für verschiedene Bereiche des Betriebs und müssen täglich möglichst zeitnah Entscheidungen treffen sowie Aufgaben sinnvoll delegieren. Die Teilnehmer in den jeweiligen Standorten stehen in einem normalen Arbeitsverhältnis zueinander. Die Beziehung zu den anderen Führungskräften des jeweils anderen Standortes ist jedoch fremd und unpersönlich. Hinzu kommt, dass einer der beiden Standorte von jüngeren Führungskräften geleitet wird und der andere von einer älteren Generation. Deshalb ist zu beachten, dass die Führungskräfte zu zwei verschiedenen Generationen mit verschiedenen Wertevorstellungen, Ansichten als auch Methoden und Kenntnissen angehören, wodurch ein latentes Konfliktpotential andauernd besteht. Die Teilnehmer haben bisher dato auch noch keine Trainings durchlaufen und sind deshalb unvoreingenommen, aber auch skeptisch, der Maßnahme gegenüber. Beide Generationen sind in ihren Denkweisen relativ festgefahren und werden höchstwahrscheinlich nur schwer oder widerwillig Neues aufnehmen können beziehungsweise wollen.

4.4. Beschreibung des Trainingsthemas

Bevor es zu der Beschreibung des Trainingsthemas kommt, ist es von essentieller Wichtigkeit die operationalisierten Lernziele für das handlungsorientierte Trainingskonzept aufzustellen. Die Formulierung der Lernziele ist deshalb ein wichtiger Bestandteil, da es einen erfolgreichen Transfer der Erlebnisse in den Alltag gewährleistet. Weiterhin ist der Abgleich der erreichten Lernziele mit den Lernzielvorgaben auch ein Leistungs- und Erfolgsmessinstrument für Trainer und Teilnehmer. Sie dienen also damit als Kontrollinstrument für die Wirksamkeit der Methoden (vgl. Negri, 2010, S.145). Abgeleitet aus der Bedarfsanalyse ergeben sich also folgende fünf operationalisierte Lernziele, welche den Führungskräften erlauben situationsadäquate Entscheidungen treffen zu können.

1. Treffen von Entscheidungen in Stressbedingungen (Zeitdruck)

2. Erzeugung von Alternativentscheidungen

3. Gruppenentscheidung sinnvoll ein- und umsetzten

4. Effektive Delegation von Entscheidungen und Aufgaben

5. Verantwortung für die Konsequenzen der getroffenen Entscheidungen übernehmen

Anhand dieser Lernziele lässt sich das Trainingsthema mit den einzelnen Unterpunkten beschreiben. Das erste Lernziel beschäftigt sich also beispielsweise mit der Vermittlung das die Führungskraft keine Angst vor Fehlentscheidungen haben muss. Außerdem lernen die Teilnehmer eine Risikobewertung bei unbekannten Optionen vorzunehmen und ein Akzeptanzverständnis für die unsicheren Umweltbedingungen zu entwickeln. Bei dem zweiten operationalisierten Lernziel geht es um die Wertverständnis von Alternativen. Dieses soll den Teilnehmern mithilfe von kreativen Techniken unterbreitet werden. In Bezug auf das dritte Ziel ist es wichtig bei Unstimmigkeiten der Zuständigkeit, welche im Berufsalltag oft vorkommen, Gruppenentscheidungen zu initiieren. Delegation von Entscheidung bei unzureichender Kompetenz, Delegation in die Führungsgruppe bei sehr komplexen Problemstellungen und das selbstbewusste Einsetzen der eigenen Kompetenzen, so dass nur wenn notwendig auch delegiert werden muss, gehört zu dem Lernziel vier. Die Verantwortungsübernahme von Entscheidungen und deren Konsequenzen (Lernziel fünf) wird durch die Einsicht von eigenen Fehlern sowie der Arbeit daran (Fehlerkultur) initiiert.

4.5. Grobkonzept und Didaktik

In diesem Kapitel der Arbeit soll das Grobkonzept für die Trainingsmaßnahme vorgestellt werden. Darin enthalten sind Rahmenbedingungen für die Vorbereitung, die Durchführung und der Trainingsabschluss (detailliertere Informationen können aus dem Trainerleitfaden im Anhang entnommen werden).

Zuerst gilt es die Maßnahmen vorzubereiten und die Führungskräfte über alles zu informieren. In diesem Fall benötigen die Teilnehmer festes Schuhwerk und lange beziehungsweise körperbedeckende Kleidung. Als Maßnahmen werden zum größten Teil diverse Outdoor-Übungen sowie eine ausgefeilte Wanderung mit einer integrierten Schnitzeljagd veranstaltet. Die Methodik und Didaktik beinhalten dabei das Erlebnis, die Reflexionen, den Transfer, das Feedback sowie eine finale Evaluation. Die Gesamtkosten belaufen sich schätzungsweise auf 4500 €. Die groben Inhalte für die Trainingsmaßnahmen zur Optimierung der Entscheidungsprozesse beziehen sich also auf die unterschiedlichsten Entscheidungstechniken, Kommunikationstechniken und Kreativtechniken. Des Weiteren beziehen sie sich aber auch auf ganzheitliches Denken, Entscheidungen innerhalb eines Teams, Vertrauen in das Team, die Fähigkeit Probleme zu lösen sowie den Umgang mit Fehlern. Das Training an sich findet an zwei aufeinanderfolgenden Tagen (einmal vormittags und nachmittags sowie am darauffolgenden Tag zum späten Vormittag bis zum frühen Nachmittag) statt und verteilt sich über die komplette Stadt Dresden. Dabei sollen die Teilnehmer Grenzerfahrungen erleben, während der Trainer dies in seinem Dasein überwacht. Die Maßnahmen und Aktivitäten am Tag eins dienen als Grundlage für eine intensive Auseinandersetzung, welche am Tag zwei stattfinden soll. Ziel ist es dabei die Entscheidungsfähigkeit jedes Teilnehmers in Bezug auf die Unsicherheiten, Rollenverteilungen, Risiken und neuen Lösungsansätzen zu verbessern. Auch gruppendynamische Effekte können dabei direkt erlebt und beobachtet werden. Diese Übungen ermöglichen es außerdem den Teilnehmern, innerhalb eines gegebenen Rahmens, experimentieren zu lassen. Nach jeder Übung folgt dann eine Reflexion, wobei die Teilnehmer diesen Lernprozess noch einmal durchlaufen und die Erfahrungen somit in den Alltag transferieren. Der Trainer muss dazu bei jeder Übung die Führungskräfte exakt beobachten sowie weiterführende Maßnahmen bei Widerständen und Konflikten innerhalb der Gruppe oder gegenüber dem Trainer zu initiieren. Im Nachgang an die Übungen muss geprüft werden inwiefern die durchgeführten Maßnahmen erfolgreich waren, sprich es wird zum Ende des Trainings hin eine allumfassende Evaluation der Maßnahmen und des Trainings durchgeführt. Zudem sind die Erfahrungen und Erlebnisse des letzten und aktuellen Tages noch gut im Gedächtnis verankert. Die Teilnehmer bewerten also die allgemeine Zufriedenheit mit dem Trainer, dem Nutzen und der Struktur des Trainings sowie der verwendeten Methoden. Auch die neu wahrgenommenen Einstellungs- und Verhaltensänderungen können evaluiert werden. Außerdem soll eine zusätzliche Befragung der Teilnehmer mit einem zeitlichen Abstand zum Training erhoben werden. Dies wird allerdings erst im Nachhinein mit der Firma abgesprochen und terminlich festgelegt (nicht in der hier vorliegenden Studienarbeit enthalten). Durch diese, mit zeitlichem Abstand durchgeführte, Befragung lässt sich der Transfererfolg und die Nachhaltigkeit auf langfristiger Ebene bewerten.

4.6. Bewertung des handlungsorientierten Trainingskonzepts

Zuletzt soll das entwickelte Training noch anhand von Qualitätskriterien bewertet werden. Die bewerteten Aspekte orientieren sich zunächst an den drei Qualitätskriterien vor, während und nach dem Training (vgl. Lehmann, 2004, S. 89ff.). Am Anfang des Trainings waren die Führungskräfte fremd und teilweise unfreundlich zueinander. Während des Trainings hat sich dies jedoch stark verändert. Die Teilnehmer waren am zweiten Tag sogar bei der letzten Trainingseinheit (Seifenkistenübung) in der Lage sich nicht standortbezogen zu verteilen. Klassischer Weise konnte man auch die typischen vier Phasen nach Tuckman (forming, storming, norming und performing) im Team während der Maßnahmen beobchten (vgl. Landes & Steiner, 2013). Es wurden auch im Rahmen der Erlebnispädagogik der Fokus bei diesen Übungen gezielt auf die Faktoren Risiko, Abenteuer und Grenzerfahrungen gelegt. Jeder Teilnehmer hat dabei mit seinem individuellen Handeln einen wertvollen Beitrag für die gesamte Gruppe geleistet. Das Ziel in Bezug auf das situationsadäquate Entscheiden ist durch die speziellen handlungsorientierten Aktivitäten erreicht worden. Die Lernphasen Reflektion und Handeln sowie die Umsetzung in den Alltag wurden ebenfalls erfolgreich umgesetzt. Die Phasen aktives Handeln als auch die bewusste Reflexion während und auch nach dem Training ermöglichten ebenfalls eine erfolgreiche Integration in den Arbeitsalltag aller Führungskräfte. Resultierend daraus sind die Qualitätskriterien im Rahmen der Reflexion und des Transfers ebenfalls sichergestellt worden.

Zu alle dem bietet sich auch noch eine Bewertung aus neurowissenschaftlicher Sicht an, welche den Erfolg einer sinnvollen Umsetzung beschreibt. So formuliert Reimann einige neurowissenschaftliche Erkenntnisse welche die Lernfähigkeit beeinflussen. Um den Lerneffekt in einem Training zu steigern sollten beispielsweise Belohnungen eingebaut werden. Das Belohnungssystem ist eines der besten Motivatoren (wenn er richtig eingesetzt wird) (vgl. Reimann, 2011, S. 20). Diese Anwendung wurde im Training leider nicht beachtet. Für manche Übungen hätte man eine Belohnung am Ende der Methode ankündigen sollen, um die Lernbereitschaft und Lernfähigkeit zu steigern. Des Weiteren lernen laut der Neurodidaktik Menschen dann besonders gut, wenn sie selbst aktiv sind, Gestaltungsmöglichkeiten nutzen und ihren Freiraum haben (vgl. Heckmair & Michl, 2012, S. 86). Diese Gestaltungsmöglichkeiten wurden beispielsweise bei der Gruppen-übung „Vorsicht zerbrechlich" angewendet und somit optimal umgesetzt.

5. Zusammenfassung

Als Fazit kann behauptet werden, dass die Planung und Durchführung eines handlungs-orientierten Trainingskonzeptes in der Erlebnispädagogik eine gute Variante ist um Verhaltensweisen zu optimieren oder zu verändern. Zudem sollte man an dieser Text-passage auch das erfolgreich abgeschlossene Training betonen. Die Erlebnispädagogik an sich funktioniert allerdings nur dann, wenn dabei alle angesprochenen Punkte beach-tet werden. Zum einen muss die Methoden- beziehungsweise Maßnahmengestaltung unbedingt an der jeweiligen Zielgruppe und dessen Problemen, Bedürfnisse sowie Fä-higkeiten ausgerichtet werden. In Kombination mit den entsprechenden Lernzielen kön-nen die Maßnahmen oft einen unmittelbaren Erfolg nach sich ziehen. Dementsprechend ist es also auch unbedingt notwendig einen geeigneten Trainer, mit den entsprechenden Kompetenzen, zu beauftragen, der diese Vorgaben erfüllen und effektiv umsetzen kann. Zum anderen muss auch beachtet werden, dass nicht jede Problematik für eine erlebnis-pädagogische Maßnahme in Frage kommt. Das Verantwortungsbewusstsein und die Sicherheitsüberlegungen des Trainers sind ebenfalls ein entscheidender Aspekt für die Qualität eines Trainings und ob dieses damit erfolgreich beziehungsweise sinnvoll ein-gesetzt werden kann.

Führungskräftetraining zur Optimierung von Entscheidungsprozessen

Trainerleitfaden

Tag 1

Zeit	Dauer	Thema	Lernziele	Methode & Kurzbeschreibung der Übungen & ca. 5-7 Reflexionsfragen pro Übung	Material & Medien
09.00	45	**Begrüßung & Trainings-eröffnung, Vor-stellungsrunde, Erwartungs-abfrage**	Trainer kennt Teilnehmer und ihre Erwartungen Teilnehmer kennen Trainer, Agenda, Ziele	**Trainer-Input** • Überlegungen zur Durchführung des Trainings (Anliegen, Ziel, Rahmenbedingungen, Organisation) • Vorstellung Trainer • Vorstellung Teilnehmer • Erwartungsabfrage im Plenum „Wie soll der Tag ablaufen, damit ihr heute Abend sagt „Der Tag hat sich total gelohnt!" „Was darf auf gar keinen Fall sein?"	Flipcharts Willkom-mens-mappe

Führungskräftetraining zur Optimierung von Entscheidungsprozessen

Trainerleitfaden

Zeit	Dauer	Thema	Lernziele	Methode & Kurzbeschreibung der Übungen & ca. 5-7 Reflexionsfragen pro Übung	Material & Medien
09.45	75	**Wissenstraining über Entscheidungen und konkretes Entscheidungsverhalten**	Treffen von Entscheidungen unter Stressbedingungen Erzeugung von Alternativentscheidungen Gruppenentscheidung sinnvoll ein- und umsetzen	**Lehrvortrag mit abschließendem Einbezug der Teilnehmer** -Grundlageninhalte: • Was sind Entscheidungen? (Definition, Ziele, Abgrenzung, Nutzen, Auswirkungen) • Was sind Alternativen? (von den Grundlagen bis hin zur oberflächlichen Wissensvermittlung über kreative Techniken) • Inwieweit beeinflusst die Umwelt unsere Entscheidungsprozesse? • Treffen von Entscheidungen unter stressigen Bedingungen • Was ist eine Gruppenentscheidung? (Definition und Anwendung beziehungsweise Anwendungsbezug) -Reflexionsfragen: • Wie gut kann ich entscheiden? • Was kann ich ändern um besser entscheiden zu können? • Was ärgert mich an der Entscheidungen? • Was gefällt mir an der Entscheidungsfindung? • Was hat mich bei dieser Übung besonders gefreut? Anmerkung: Alle Folien sind mit Beispielen angereichert	Präsentation (Folien) Beamer mit Leinwand
11.00	30	**Pause**			

34

Führungskräftetraining zur Optimierung von Entscheidungsprozessen

Trainerleitfaden

Zeit	Dauer	Thema	Lernziele	Methode & Kurzbeschreibung der Übungen & ca. 5-7 Reflexionsfragen pro Übung	Material & Medien
11.30	90	**Vertiefung der Kreativen Techniken**	Treffen von Entscheidungen unter Stressbedingungen	**Gruppenübung** -Vorsicht zerbrechlich Hierbei versucht man aus dem Fenster im zweiten Stock ein rohes Ei unversehrt zu Boden zu bringen sowie wieder aufsteigen zu lassen (zurück in den zweiten Stock). -Reflexionsfragen:	rohe Eier
			Erzeugung von Alternativentscheidungen		Handout für die Spielerklärung
			Gruppenentscheidung sinnvoll ein- und umsetzen	• Wer hat hauptsächlich Entscheidungen getroffen? • Welche Rollen haben die anderen Teilnehmer eingenommen?	Flipcharts
			Verantwortung für die Konsequenzen der getroffenen Entscheidungen übernehmen	• Wäre eine andere Rollenverteilung besser? • Wie wurde die Lösung ausgewählt? • Wie wurden neue Lösungsansätze gefunden?	Sonstige Gegenstände, welche im Büro zu finden sind (ggf. vorher abklären)
			Effektive Delegation von Entscheidungen und Aufgaben		
13.00	60	**Mittagspause**			

Zeit	Dauer	Thema	Lernziele	Methode & Kurzbeschreibung der Übungen & ca. 5-7 Reflexionsfragen pro Übung	Material & Medien
14.00	120	**Schnitzeljagd Teil 1**	Treffen von Entscheidungen unter Stressbedingungen	**Team-Event Schnitzeljagd** Bei diesem Event werden die Teilnehmer als Team auf eine Outdoor Schnitzeljagd durch die Stadt Dresden und die Wälder um Dresden absolvieren. Der Trainer überwacht da-	Team- Event Briefing
			Erzeugung von Alterna- tiventscheidungen	bei alle Aktionen und schreitet nur bei sicherheitsbedenkli- chen Aktionen ein. Die Teilnehmer müssen weitestgehend	mit dazu- gehörigem Handout
			Gruppenentscheidung sinn- voll ein- und umsetzen	selbstständig die Lösungen (abgeleitet aus den Schnitzel- jagdhinweisen) finden. Insgesamt gibt es acht Hinweise, ergo die Teilnehmer müssen zu acht verschiedenen Plätzen	Schnitzel- jagdhin- weiskarten
			Effektive Delegation von Entscheidungen und Auf- gaben	(Transfer von A nach B ist in Dresden gut ausgebaut). Des Weiteren wurden die Rätselhinweise auf einem so hohen Niveau ausgewählt (Grenzerlebnis), dass sie von einem ein- zelnen Mitglied nicht gelöst werden können.	Bus-, Bahn- oder Taxi- budget
			Verantwortung für die Kon- sequenzen der getroffenen Entscheidungen überneh- men	-Reflexionsfragen: • Wie bewerte ich Rückblickend meine Leistung? • Welche Hürden habe ich überwunden? • Wie ist mir diese Überwindung gelungen? • Wie bin ich mit Fehlern umgegangen? • Welche Entscheidungen habe ich und welche die Gruppe getroffen? • Habe ich meine Fehler korrigieren können? • Wie sind Entscheidungsaufgaben verteilt worden?	
16.00	30	**Pause bei Zwi- schenstopp vier**			

36

Führungskräftetraining zur Optimierung von Entscheidungsprozessen

Trainerleitfaden

Zeit	Dauer	Thema	Lernziele	Methode & Kurzbeschreibung der Übungen & ca. 5-7 Reflexionsfragen pro Übung	Material & Medien
17.30	135	**Schnitzeljagd Teil 2**	Treffen von Entscheidungen unter Stressbedingungen	**Team-Event Schnitzeljagd** Bei diesem Event werden die Teilnehmer als Team auf eine Outdoor Schnitzeljagt durch die Stadt Dresden und die Wälder um Dresden absolvieren. Der Trainer überwacht dabei alle Aktionen und schreitet nur bei sicherheitsbedenklichen Aktionen ein. Die Teilnehmer müssen weitestgehend selbstständig die Lösungen (abgeleitet aus den Schnitzeljagdhinweisen) finden. Insgesamt gibt es acht Schnitzeljagdhinweise, die zu acht verschiedenen Plätzen (Transfer von A nach B ist in Dresden gut ausgebaut). Des Weiteren werden die Rätselhinweise auf einem so hohen Niveau ausgewählt (Grenzerlebnis), dass sie von einem einzelnen Mitglied nicht gelöst werden können.	Team-Event Briefing mit dazugehörigem Handout
			Erzeugung von Alternativentscheidungen		
			Gruppenentscheidung sinnvoll ein- und umsetzen		
			Effektive Delegation von Entscheidungen und Aufgaben		Schnitzeljagdhinweiskarten
			Verantwortung für die Konsequenzen der getroffenen Entscheidungen übernehmen	-Reflexionsfragen: • Wie bewerte ich Rückblickend meine Leistung? • Welche Hürden habe ich überwunden? • Wie ist mir diese Überwindung gelungen? • Wie bin ich mit Fehlern umgegangen? • Welche Entscheidungen habe ich und welche die Gruppe getroffen? • Habe ich meine Fehler korrigieren können? • Wie sind Entscheidungsaufgaben verteilt worden?	Bus-, Bahn-o-der Taxibudget
18.45	15	**Abschluss**		**Input** • Zusammenfassung des Trainers • Feedback • Ausblick auf Tag 2	
19.00		**Ende Tag 1**			

Führungskräftetraining zur Optimierung von Entscheidungsprozessen

Trainerleitfaden

Tag 2

Zeit	Dauer	Thema	Lernziele	Methode & Kurzbeschreibung der Übungen + Reflexionsfragen	Material & Medien
10.00	30	Begrüßung, Tagesplanung, Rückfragen vom vorherigen Tag	Trainer kennt Teilnehmer und ihre Erwartungen an den Tag Verteilung des Gelernten vom vorherigen Tag Darlegung der Agenda und der angestrebten Lernziele	**Trainer-Input** • Überlegungen zur Durchführung des Trainings (Anliegen, Ziel, Rahmenbedingungen, Organisation) • Erwartungsabfrage im Plenum • Aufgreifen der gestrigen Maßnahmen, Probleme und Fragen „Wie soll der Tag ablaufen, damit Ihr heute Abend sagt „Der Tag hat sich total gelohnt!"" „Was darf auf gar keinen Fall sein?"	Flipcharts
10.30	120	Problemlösefähigkeit und Kreativität im Team – Teil 1	Treffen von Entscheidungen unter Stressbedingungen Erzeugung von Alternativentscheidungen Gruppenentscheidung sinnvoll ein- und umsetzen Effektive Delegation von Entscheidungen und Aufgaben Verantwortung für die Konsequenzen der getroffenen Entscheidungen und Aufgaben Entscheidungen übernehmen	**Seifenkistenbau & Seifenkistenrennen** Eingeteilt in zwei Dreierteams werden Bausätze verteilt, welche renntauglich zusammengebaut werden müssen. Zudem müssen die Teilnehmer die Seifenkisten kreativ gestalten, entwickeln und auch später präsentieren. Außerdem fließt das anschließende Seifenkistenrennen in die Gesamtbewertung ein, welche der Trainer in Rücksprache mit den anderen Teams vergibt. (Er fragt nach Meinung der anderen Teams.) -Reflexionsfragen: • Was ist besonders gut gelungen und warum? • Welche Fehler wurden gemacht? • Wer hat welche Aufgaben übernommen und warum? • Was könnte man jetzt noch abändern? • Wie schnell wurden Lösungsansätze gefunden? Anmerkung: Die Fahrtstrecke muss vorher abgeklärt sein sowie sollte die Mittagspause zwischen dem Seifenkistenbau & Seifenkistenrennen ggf. zeitlich variabel gestaltet werden.	2 Seifenkistenbausätze Flipchart Stoppuhr Bewertungskarten Pfeife für das Startsignal

Führungskräftetraining zur Optimierung von Entscheidungsprozessen

Trainerleitfaden

Zeit	Dauer	Thema	Lernziele	Methode & Kurzbeschreibung der Übungen + Reflexionsfragen	Material & Medien
12.30	60	**Mittagspause**			
13.30	120	**Problemlösefähigkeit und Kreativität im Team – Teil 2**	Treffen von Entscheidungen unter Stressbedingungen	**Seifenkistenbau & Seifenkistenrennen** Eingeteilt in zwei Dreierteams werden Bausätze verteilt, welche renntauglich zusammengebaut werden müssen.	2 Seifenkisten-bausätze
			Erzeugung von Alternativentscheidungen	Zudem müssen die Teilnehmer die Seifenkisten kreativ gestalten, entwickeln und auch später präsentieren. Außerdem fließt das anschließende Seifenkistenrennen	Flipchart
			Gruppenentscheidung sinnvoll ein- und umsetzen	in die Gesamtbewertung ein, welche der Trainer in Rücksprache mit den anderen Teams vergibt. (Er fragt nach Meinung der anderen Teams.)	Stoppuhr
			Effektive Delegation von Entscheidungen und Aufgaben	-Reflexionsfragen: • Was ist besonders gut gelungen und warum? • Welche Fehler wurden gemacht?	Bewertungskar-ten
			Verantwortung für die Konsequenzen der getroffenen Entscheidungen übernehmen	• Wer hat welche Aufgaben übernommen und warum? • Was könnte man jetzt noch abändern? • Wie schnell wurden Lösungsansätze gefunden?	Pfeife für das Start-signal
				Anmerkung: Die Fahrtstrecke muss vorher abgeklärt sein sowie sollte die Mittagspause zwischen dem Seifenkistenbau & Seifenkistenrennen ggf. zeitlich variabel gestaltet werden.	
15.30	30	**Pause**			

Führungskräftetraining zur Optimierung von Entscheidungsprozessen

Trainerleitfaden

Zeit	Dauer	Thema	Lernziele	Methode & Kurzbeschreibung der Übungen + Reflexionsfragen	Material & Medien
16.00	30	**Evaluation der erlebnispädagogischen Trainingskonzeption und Abschluss des Trainings**	Wiederholung des Gelernten der beiden Trainingstage und Übertragung auf den Arbeitskontext (Ecommerce)	**Input** • Zusammenfassung von jedem Einzelnen (Trainer, Maßnahmen, Training, …) sowie den Arbeitsbezug mit Beispielen belegen • Rückmeldung, Ergänzung und Zusammenfassung des Trainers • Feedback Zusammenfassung des Trainers • Feedback zum Team	Ball (wer den Ball hat darf sprechen) Stimmungsvogel (für den metaphorischen Ausdruck des Trainings)
16.30		**Ende Tag 2**			

Anmerkung: Sollte ein zeitlicher Puffer nach den Pausen bestehen (vorrangig nach der Mittagspausen), bieten sich Aktivierungsspiele wie „verflixxt" oder „The tit för tat Game" an.

7. Literaturverzeichnis

Beck, U. (1986). Risikogesellschaft - Auf dem Weg in eine andere Moderne. Suhrkamp Verlag: Frankfurt.

Bergmann, B. & Sonntag, K. (2006). Transfer - Die Umsetzung und Generalisierung erworbener Kompetenzen in den Arbeitsalltag. 3. Auflage. Hofgrefe-Verlag: Göttingen.

Bühler, J. (1986). Das Problem des Transfers – Kritisches zur erlebnisorientierten. Neuland Plus Verlag: Esbach.

Dyckhoff, H. & Ahn, H. (1998). Die Betriebswirtschaft. Springer Verlag: Berlin.

Eisenführ, F. & Weber, M. (2003). Rationales Entscheiden. 4. Auflage. Springer Verlag: Berlin.

Friebe, J. (2010). Reflexion im Training: Aspekte und Methoden der modernen Refelxionsarbeit. 2. Auflage. Manager Seminare Verlag: Bonn.

Gagné, R. M. (1973). Die Bedingungen des menschlichen Lernens. 3. Auflage. Schroedel Verlag: Hannover.

Galuske, M. (1999). Methoden der Sozialen Arbeit: Eine Einführung. 2. Auflage. Juventa Verlag: München.

Gillenkirch, R. & Winter, E. (2018). Definition Entscheidung. Homepage: [https://wirtschaftslexikon.gabler.de/definition/entscheidung-36360/version-259815]. Abruf am 05.07.2020.

Heckmaier, B. & Michl, W. (2012). Erleben und Lernen -Einführung in die Erlebnispädagogik. 7. Auflage. Ernst Reinhardt Verlag: München.

Heckmair, B. & Michl, W. (2002). Erleben und Lernen: Einführung in die Erlebnispädagogik. 5. Auflage. Reinhardt Verlag: München.

Jagenlauf, M. & Bress, H. (1990). Wirkungsanalyse Outward Bound – Kurzbericht.
Deutsche Gesellschaft für europäische Erziehung Verlag: München.

Kahle, E. (2001). Betriebliche Entscheidungen - Lehrbuch zur Einführung in die betriebswirtschaftliche Entscheidungstheorie. 6. Auflage. Kohlhammer Verlag: Stuttgart.

Koring, B. (1997). Erlebnispädagogik reflexiv? Versuch über Theorie und Methode der
Erlebnispädagogik. University of Tromsø: Tromsø in Norwegen.

Lakemann, U. (2005). Wirkungsimpulse von Erlebnispädagogik und Outdoor-Training.
Ziel-Verlag: Augsburg.

Landes, M. & Steiner, E. (2013). Psychologie für die berufliche Praxis- Psychologie der
Wirtschaft (1). Springer Fachmedien Verlag: Wiesbaden.

Laux, H. (2005). Entscheidungstheorie. 6. Auflage. Springer Verlag: Berlin.

Lehmann, D. (2004). Outdoor-Training: Personal- und Organisationsentwicklung zwischen Flipchart und Bergseil. 2. Auflage. Rheinhardt Verlag: München.

Lindstädt, H. (1998). Qualität von Gruppenentscheidungen. Nummer 20. OR Spectrum
Verlag: Heidelberg.

Luckner, J. L. & Nadler, R. S. (1997). Processing the Experience - Strategies to Enhance and Generalize Learning. 2. Auflge. Kendall & Hunt Verlag: Dubuque & Iowa.

Meier-Gantenbein, K. F. & Späth, T. (2012). Handbuch Bildung, Training und Beratung. 2. Auflage. Beltz Verlag: Weinheim.

Michl, W. (2009). Erlebnispädagogik. Reinhardt Verlag: München.

Michl, W. (2011). Erlebnispädagogik. 2. Auflage. Ernst Reinhardt Verlag. München.

Negri, C. (2010). Angewandte Psychologie für die Personalentwicklung: Konzepte und Methoden für Bildungsmanagement, betriebliche Aus- und Weiterbildung. Springer Verlag: Heidelberg.

Paffrath, H. (2013). Einführung in die Erlebnispädagogik. Ziel Verlag: Augsburg.

Reimann, S. (2011). Wie lernt das Gehirn? Erkenntnisse der Hirnforschung. In: Trainingaktuell. Die Zeitschrift für Trainer, Berater und Coachs. Heft 3 Februar 2011, S.18-20.

Reiners, A. (1995). Erlebnis und Pädagogik: praktische Erlebnispädagogik, Ziele, Didaktik, Methodik, Wirkungen. Sandmann Verlag: München.

Ritter, W. H. (2007). Handbuch Praktische Theologie. Gütersloher Verlag: München.

Rosenthal, R. & Jacobson, L. (1968). Pygmalion in the classroom: teacher expectation and pupils' intellectual development. Holt, Rinehart & Winston Verlag: New York.

Saliger, E. (2003). Betriebswirtschaftliche Entscheidungstheorie - Einführung in die Logik individueller und kollektiver Entscheidungen. 5. Auflage. Oldenbourg Verlag: München.

Schulze, G. (1992). Die Erlebnisgesellschaft - Kultursoziologie der Gegenwart. Campus Verlag: Frankfurt.

Steindorf, G. (2000). Grundbegriffe des Lehrens und Lernens. 5. Auflage. Klinikhardt Verlag: Bad Heilbrunn.

Stelling, J. N. (2009). Kostenmanagement und Controlling. 3. Auflage. Oldenbourg Verlag: München.

Tenorth, H. E. & Tippelt, R. (2007). Beltz Lexikon Pädagogik. Beltz Verlag: Weinheim & Basel.

Wiese, J. (2002). Erlebnispädagogik - Möglichkeiten und Grenzen des erlebnis- und handlungsorientierten Erfahrungslernens. ZBW Verlag: Leibnitz.

Witte, M. D. (2002). Erlebnispädagogik: Transfer und Wirksamkeit: Möglichkeiten und Grenzen des erlebnis- und handlungsorientierten Erfahrungslernens. Ed. Erlebnispädagogik Verlag: Lüneburg.

Wondrak, M. (2016). Der Pygmalion-Effekt: Gute Erwartungen bewirken gute Leistungen. Homepage: [https://www.anti-bias.eu/allgemein/pygmalion-effekt/]. Abruf am 02.07.2020.

Ziegenspeck, J. W. (1992). Erlebnispädagogik: Rückblick-Bestandsaufnahme-Ausblick - Bericht über den gegenwärtigen Entwicklungsstand der Erlebnispädagogik in der

Bundesrepublik Deutschland unter besonderer Berücksichtigung der Lüneburger Anstösse und Projekte. Ed. Erlebnispädagogik Verlag: Lüneburg.

Zuffellato A. & Kreszmeier, A. H. (2007). Lexikon Erlebnispädagogik - Theorie und Praxis der Erlebnispädagogik aus systematischer Perspektive. Ziel Verlag: Augsburg.